辞典いらずの
クイック
ことば遊び

遊んでおぼえる
ことばと漢字

いかだ社

はじめに
魅力あふれることば遊び

私の職業は作家です。ですが、作家専業になる前までは、教員をしていました。高校で現代国語を教え、小学校でも、「ことば遊び」を頼もしい助っ人として、長い教員生活を送ってきました。

私にとって、この「ことば遊び」は、単に国語の力をつけるためのものにとどまらず、“子どもたちとの距離を縮める”ための、とても強力な味方となりました。つまり、私の学級経営に欠かすことのできない、大切な相棒だったのです。

「ことば遊びを知っていますか?」と問いかけたとき、多くの人たちは、「はて……」と、首をひねってしまいます。ことば遊びの概念は、何となくわかるの

ですが、それを具体的にイメージすることが難しいのです。そこで、

「しりとり遊びや、早口ことばは？」

と問い直せば、これはもう例外なく、「知っている」と答え、それを明確にイメージすることもできます。

この本は、そのように漠然とした姿のことば遊びを、わかりやすい形にし、さらに、“あまりなじみがないけれどとても楽しい”ことば遊びを紹介しようとするものです。この魅力的な「ことば遊び」を楽しくゲーム化し、大人も子どもも、一緒になって楽しめるよう、心がけて書いたつもりです。

さあ、あなたもこの本で、ことば遊びの楽しさを再認識し、また、これまで知らなかったことば遊びの魅力に触れてください。

山口 理

目次

準備いらずの**クイックことば遊び**

第1章

おもしろ・ことばワールド

ここは、ひらがなや漢字にこだわらず、
楽しく遊べる、
いろいろなことば遊びの世界です。
さあ、みんなで楽しく遊んじゃいましょう！

1 どこで区切ればいいの？

これは、「文をどこで切るか」という遊びです。区切る箇所によって、文がすっかりかわってしまうんですよ。たとえば……。

「わたしはしっている」という文は、「私、走っている」「私は、知っている」という、二通りの文になります。

次の文章を、
二通りの読み方で、
読んでみましょう。
さあ、始まり、
始まり！

① 「きょうはいしゃにいく」

② 「あしたはやめにしなさい」

早起きするぞ

や～めた！

3 「かみやすりでおおいたい」

4 「おいしいじゃないか」

5 「もうふじさんなんですか？」

6 「わたしはだあれ」

7 「きょうふじいさんがきたぞ」

8 「きょうふのみそしる」

9 「あくのじゅうじか」

10 「あくまのにんぎょう」

⑪「たこやきやだな」

たこやき
ここにしよう

たこやき
やだ!

⑫「ぱんつくったことある?」

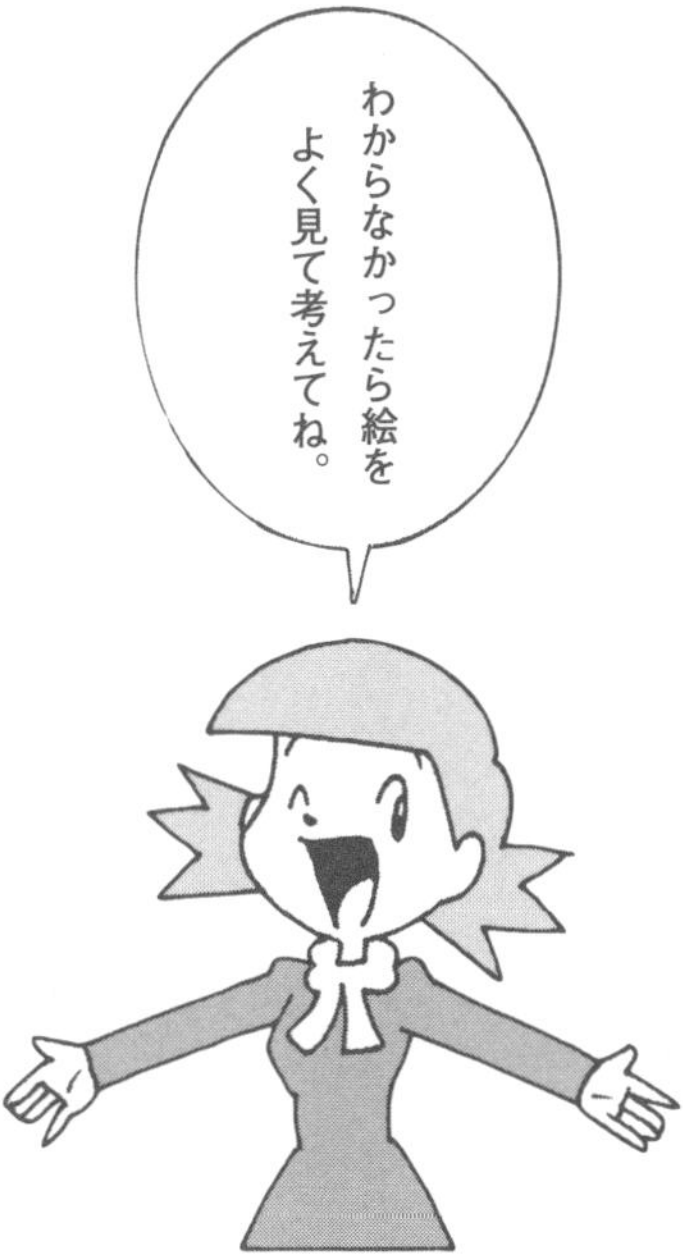
わからなかったら絵をよく見て考えてね。

★遊び方のワンポイント★

・わかりにくければ、鉛筆の先などを読点の代わりにして、少しずつずらしていけば、必ずわかりますよ。
・声に出してみると、案外すんなりわかることがあります。
・人に読んでもらうと、よりわかりやすくなります。

2 楽しい、しりとり歌

四角は豆腐　豆腐は白い　白いはうさぎ……と、どんどんつながっていくのが、「しりとり歌」です。これは比較的、昔からなじみのある遊びです。

スタートは「さよなら三角　また来て四角　四角は……」と始まり、終点は「……光るは　やみ夜のニャンコの目」で終わるものが、多かったように思います。

ここでも、その流れにそって、遊んでみましょう。

（　）の中に、ぴったり合うことばを入れ、次へと続くようにします。

さて、うまく終点までたどり着けるでしょうか。

①

さよなら三角　また来て四角
四角は下敷き　下敷きは薄い
薄いは（ア　）（ア　）は燃える
燃えるは（イ　）（イ　）はすべる
すべるは（ウ　）（ウ　）は冷たい
冷たいは（エ　）（エ　）は甘い
甘いは砂糖　砂糖は（オ　）
（オ　）はうさぎ　うさぎははねる
はねるは（カ　）（カ　）は泳ぐ
泳ぐは水すまし
水すましは（キ　）（キ　）はうなぎ
うなぎは光る
光るはやみ夜のニャンコの目
↓ゴール！

②

さよなら三角　また来て四角
四角は（ア　）（ア　）は映る
映るは（イ　）（イ　）は大きい
大きいは（ウ　）（ウ　）はこわい
こわいは（エ　）（エ　）は消える
消えるは　ライト　ライトは（オ　）
（オ　）は太陽　太陽は（カ　）
（カ　）はストーブ
ストーブは光る
光るはやみ夜のニャンコの目
↓ゴール！

③

さよなら三角
また来て四角　四角は……
赤いはポスト　ポストは……
寒いは冬　冬は……
割れるはお皿　お皿は……
光るはやみ夜のニャンコの目
↓ゴール

★遊び方のワンポイント★

・（　）の中よりも、その次のことばに着目することが大事です。
・あまり、事実関係にこだわりすぎないこと。「カエルは青い」とつなぎたいときに、「カエルは緑だし、茶色いのもいる」などと考えると、なかなか先へ進めません。

3 こんなに違う、モノの数え方

日本語は豊かです。ふだん、何気なく数えているモノにも、いろいろな数え方があります。さあ、いったい、どんな数え方があるのでしょうか。

上のモノと、下の数え方を、線で結んでみましょう。

※代表的な数え方で表記しています。

（例）

・アイロン	一行（いっこう）
・家	一双（いっそう）
・銀行	一台（いちだい）
・くだもの	一棟（いっとう）
・軍手	一個（いっこ）

◆さっそく、問題に取り組んでみましょう。

1

・井戸	・一基（いっき）
・犬	・一槽（いっそう）
・ピラミッド	・一杯（いっぱい）
・プール	・一本（いっぽん）
・土	・一頭（いっとう）

2

・津波	・一尊（いっそん）
・ランドセル	・一口（いっこう）
・大仏	・一波（いっぱ）
・作品	・一個（いっこ）
・釜	・一点（いってん）

3

- ダイナマイト ・　・ 一丁（いっちょう）
- たこ ・　・ 一体（いったい）
- バイオリン ・　・ 一本（いっぽん）
- 松飾り ・　・ 一杯（いっぱい）
- ミイラ ・　・ 一揃い（ひとそろい）

4

- 花びん ・　・ 一服（いっぷく）
- 裁判 ・　・ 一片（いっぺん）
- 短歌 ・　・ 一瓶（いっぺい）
- お茶 ・　・ 一件（いっけん）
- 花びら ・　・ 一首（いっしゅ）

5

- 虫めがね ・　・ 一灯（いっとう）
- ランプ ・　・ 一客（いっきゃく）
- 論文 ・　・ 一山（ひとやま）
- お椀 ・　・ 一編（いっぺん）
- 峠 ・　・ 一本（いっぽん）

6

- 豆腐　・一構え（ひとかまえ）
- 庭　・一丁（いっちょう）
- はし　・一面（いちめん）
- 堀　・一景（いっけい）
- 競技場　・一膳（いちぜん）

7

- 四阿《しあ》　・一炬（いっきょ）
- 保険　・一流（いちりゅう）
- 狼煙　・一宇（いちう）
- 橋　・一口（ひとくち）
- 旗　・一架（いっか）

モノの数え方は、一種類でない場合が多くあります。

たとえば、「旗」は、「一本」「一旗」「一竿」「一流」など、いくつもの数え方があります。

また犬は、大型犬「一頭」、小型犬「一匹」というように、大きさなどによって異なる場合もあります。ここには、代表的な数え方を載せました。

★遊び方のワンポイント★

- 多様な数え方のある日本語の、奥深さに気づいてほしいものです。そのために、身のまわりのモノの数え方を調べ、次に自分の興味のあるモノの数え方について、調べてみるといいでしょう。
- 「モノの数え方辞典」という書物もあります。

4 ようこそ、アナグラムの世界へ

“アナグラム”って、聞いたこと、ありますか？

これは、文章の中の文字を並べ替えて、他の文章にしてしまう、ことば遊びです。

たとえば、

「もののけ姫」→「姫、のけもの」

「巨人ファン」→「近所、不安」

といった具合です。

それではさっそく問題です。アナグラムした、上の文章と、下の文章とを、線でつなげてみましょう。

❶青鬼君、勝ってる？

❷鬼に金棒貸した

❸風の谷のナウシカ

❹しかし、ぜいたく

❺旗の中だね

ア・赤鬼君、追ってる？

イ・税隠し、した

ウ・高嶺の花だ

エ・何かに応募したか

オ・なぜか、農家の下に

★遊び方のワンポイント★

・いくら眺めていても、なかなかわからないときは、すべての文字をひらがなにしてみると、考えやすくなります。

・それでもわかりにくいときは、一文字ずつ、バラバラのカードにし、並べ替えてみれば、きっとわかります。

・まずは、人名、単語などのわかりやすいものから始めるといいでしょう。

5 方言、出てこ〜い！

日本は、せまいようでも、とっても広い。だって、同じ意味のことばでも、地方によって、こんなに言い方が違うんです。

さあ、クイズで方言を、バッチリ覚えちゃいましょう。

◆これって、何のこと？

いろいろな地方の方言を集めてみました。もちろん、みんな同じ意味です。絵をヒントに、何のことを言っているのか、当てましょう。

1

- **ビッキ**（青森）
- **オドメ**（茨城）
- **ボ**（新潟）
- **アカングヮ**（沖縄の一部）
- **ネネ**（富山）

❷
・ケッチャ（岩手）
・カチャマ（秋田）
・リャンコー（愛知）
・テレコ（奈良）
・ヒッチャコシ（熊本）

❸
・スンズネー（宮城）
・ヤタカシー（山梨）
・シロシー（山口）
・セセカマシー（大分）
・ヤゾロシ（鹿児島）

❹
・チャッペ（北海道）
・ヘラリ（山形）
・ドシャベ（岐阜）
・ビチャ（岡山）
・アゴタンノキク（佐賀）

❺
・ゲール（福島）
・ガイル（三重）
・オニビキ（徳島）
・ドンク（長崎）

6

・ヒトニナル（群馬）
・シーゲンシー（島根）
・ヨメーリスル（広島）
・ミトイナッ（鹿児島）

ひとに
なった

7

・バンキ（岩手）
・チッカッポ（群馬）
・チッケン（埼玉）
・インチャン（愛知）
・ブーサー（沖縄）

バンキ！

8

・アソビザッコ（秋田）
・メザッコ（栃木）
・メッタン（和歌山）
・ビビン（香川）
・ビビンチョ（宮崎）

あそび
ましょ

9

・モノイ（石川）
・ガオッタ（宮城）
・ヨワッタ（福井）
・キャーナエタ（長崎）
・ホッコリシタ（滋賀）

ヨワッタ

10

・キカナス（山形）
・ガータク（山梨）
・ゴンタ（大阪）
・ワリコトシー（徳島）
・ショーカラゴ（鳥取）

おらぁ
ゴンタ

◆何を言ってるのかな？

次の会話を、推理してみましょう。その方言は知らなくても、前後の関係から予想をつけてみるといいわね。

①（北海道）

今朝は、えらくしばれること。

あれ、雪じゃないよ、雨だ。傘、かぶって行ったらいいよ。

手袋、はいて行った方がいいよ。

うわっ、雨でなんもかんもべちょべちょだあ。

②（青森）

わい、なんぼ、かちゃくね部屋だ。

わい、どんだのさ。

夜に外あさぐばまね。

それ、ちょせばまね。

わ、外さ行ってくるはんで。

んだっきゃ。

3 （茨城）

今日、川さ行ったら、えがえ魚がいたぞ。ほれ。
ちぐぬぐな。
ちぐ？　だったら、えまっとよく見ろ。
ええい、じゃまだから、えしゃれ。けんなるえ、ちいっとくれや。

4 （福井）

しばらくぶりだのう。かたかったけの？
子どもさん、かすないこなったたろねえ。

ああ、今度いっぺんうちに寄ってくれま。
けんど、今日は朝から熱あって、てきねーんだ。

5（沖縄・那覇市の周辺）

ええ、ちゃーびらさい。
やあやだあが？
イチルーさい。ッアンマーが、んじくうんり、いいたん。
くわっちーさびたん。
あー、ぬーんくういーんわしとうたん。むぬかむん？

★遊び方のワンポイント★

・発展として、小グループごとに担当地方を決めて、方言を調べたり、発表したりすると楽しさも倍増です。方言辞典を参考にしてもよいでしょう。

※ここにとりあげた方言は、特定の地区、年代を中心に使われていることばも含んでおり、その地域全般に広く用いられているものと限りません。

第1章　解答

1　どこで区切ればいいの？（8－11ページ）

❶「今日、歯医者に行く」「今日は、医者に行く」

❷「明日、早めにしなさい」「明日は、やめにしなさい」

❸「紙ヤスリで覆いたい」「紙ヤスリで、おお、痛い」

❹「美味しいじゃないか」「お、石井じゃないか」

❺「毛布、持参なんですか」「もう、富士山なんですか」

❻「私は、だあれ？」「私、肌荒れ」

❼「今日、藤井さんが来たぞ」「恐怖！　じいさんが来たぞ」

❽「恐怖のみそ汁」「今日、麩のみそ汁」

❾「悪の十字架」「開くの、十時か」

❿「悪魔の人形」「あ、熊の人形」

⓫「たこやき屋だな」「たこやき、やだな」

⓬「パン、作ったことある？」「パンツ、食ったことある？」

2　楽しい、しりとり歌（12－13ページ）

❶ア（紙）（紙）イ（油）（油）ウ（氷）（氷）

エ（アイス）（アイス）

オ（白い）（白い）カ（カエル）（カエル）

キ（細い）（細い）

❷ア（テレビ）（テレビ）イ（映画）（映画）

ウ（ゴジラ）（ゴジラ）エ（おばけ）（おばけ）

オ（まぶしい）（まぶしい）カ（熱い）（熱い）

❸おもしろい、しりとり歌をかんがえてみよう。

3　こんなに違う、モノの数え方（14－16ページ）

❶井戸（一本）　犬（一頭）　ピラミッド（一基）

プール（一槽）　土（一杯）

❷津波（一波）　ランドセル（一個）　大仏（一尊）

作品（一点）　釜（一口）

❸ダイナマイト（一本）　たこ（一杯）　バイオリン（一丁）

松飾り(一揃い) ミイラ(一体)
❹花びん(一瓶) 裁判(一件) 短歌(一首) お茶(一服)
花びら(一片)
❺虫めがね(一本) ランプ(一灯) 論文(一編)
お椀(一客) 峠(一山)
❻豆腐(一丁) 庭(一景) はし(一膳) 堀(一構え)
競技場(一面)
❼四阿(一宇) 保険(一口) 狼煙(一炬) 橋(一架)
旗(一流)

4 ようこそ、アナグラムの世界へ (17ページ)

①―ア ②―エ ③―オ ④―イ ⑤―ウ

5 方言、出てこ～い!(18―23ページ)

◆これって、何のこと?

❶【赤ん坊】❷【あべこべ】❸【うるさい】
❹【おしゃべり】❺【蛙】
❻【結婚する】❼【じゃんけん】❽【めだか】
❾【疲れた】❿【わんぱく者】

◆何を言ってるのかな?

❶(北海道)
A「今朝は、とっても寒いね」
B「手袋、はめて行った方がいいよ」
A「あれ、雪じゃないよ、雨だ。傘、さして行ったらいいよ」
B「うわっ、雨でなにもかも、ずぶぬれだあ」

❷(青森)
A「わっ、なんて、散らかった部屋だ」
B「それをいじっちゃだめだよ」

A「おやまあ、何なんだろうね」
B「おれ、外に行ってくるから」
A「夜に外を歩いたらだめだよ」
B「そうだよね」

❸（茨城）
A「今日、川に行ったら、でっかい魚がいたぞ。ほら」
B「うそつくな」
A「うそ？　だったら、もっとよく見ろ」
B「ええい、じゃまだから、どけ。うらやましいな。少しくれよ」

❹（福井）
A「しばらくぶりだね。元気だったかい？」
B「ああ、今度いっぺんうちに寄ってくれよ」
A「子どもさん、とても大きくなったろうねえ」

B「でも、今日は朝から熱があって、体がつらいんだ」

❺（沖縄・那覇市の周辺）
A「あの、ごめんください」
B「君はだれだ？」
A「イチローだよ。母さんが、行って来いって言ったんだ」
B「ああ、すっかり忘れていた。ご飯、食べる？」
A「ごちそうさま」

第2章

おもしろ・ひらがな遊び

さあ、次は、ひらがな遊びです。
さて、いったいどんな遊びが
飛び出すのかな？

1 穴あきしりとり

しりとりの途中に、空白があります。この空白の中をうめて、しりとりを完成させましょう。

（例）

おの→【のりまき】→きつね→【ねずみ】→

みみずく→【くるま】→（まんとひひ）

❶

りんご→【ア】→らくだ→【イ】→

まんもす→【ウ】→（からす）

❷

かぞく→【ア】→するめ→【イ】→

こんぱす→【ウ】→（ぐりーんぴーす）

3

ぱんや→［ア］→［イ］→がらす→

すいどう→［ウ］→（ろけっと）

4

［ア］→しまうま→［イ］→りんどう

→［ウ］→［エ］→ざっか→［オ］

→うんどうかい→［カ］→（らんどせる）

5

［ア］→［イ］→わさび→［ウ］→

こすもす→［エ］→きく→［オ］→

ちょうのうりょく→［カ］→［キ］→

［ク］→（るすばんでんわ）

★遊び方のワンポイント★

・正解はひとつではありません。いろいろな回答があっても、うまくつながっていればOKです。
・班など、小グループで遊ぶと、いっそう楽しいでしょう。
・原則的に、ひらがなを使っていますが、カタカナや漢字交じりのルールにしてもかまいません。

2 ジャンル別しりとり

「食べ物」「花の名前」など、特定のジャンルを決めて、しりとりをします。

(例)【食べ物】

すし→シュークリーム→むらさきいも→もなか→カレーライス

「食べ物」でつくってみたわ。

「生き物」でもつくれるぞ。

「タレントなどの有名人」でもいいわね。

「電気製品」ではどうかな？

「キャラクター」でつくってみよう。

「学校の中にあるもの」でつくれるかしら。

「自分より大きいもの」だよ〜！

「ほしいもの」でつくっても楽しいぞ。

★遊び方のワンポイント★

- 多少、的はずれな回答があっても、それはそれで盛り上がるものです。あまり杓子定規に、考える必要はありません。
- 班など、小グループの中で遊んでも楽しいですし、対抗戦にしても楽しいでしょう。
- その他、ルールを自分たちでつくってもかまいません。

3　穴あき日記

どんな日記を書いているのかな？　空白の○の中にことばを入れて、文章を完成させましょう。

（例）＊○た○は、○○゛だい○○で○。う○で○゛よい○り、キ○○プを○゛たり、○きる○らで○。

わたしは、なつが
だいすきです。
うみでおよいだり、
キャンプをしたり、
できるからです。

◆まずは、「ひらがなだけ」で、やってみましょう。

❶ き○うのき○うしょく○、や○○ばで○。○のう、う○でた○゛たば○○なので、がっ○りです。

❷ ○た○のおと○○んは、か○しゃ○つとめ○○○ます。○い○さ、し○じに○えをで○す。と○も、ね○そうに○ていま○。

◆さて、ここからはカタカナや漢字も混じってくるよ。がんばって！

3

A君「きの○○テ○○゙は、お○しろ○゚たね」

B君「そ○○な、ぼ○は、あ○○お○○ろ○なかっ○よ。だって、○の○レン○、き○○な○だ」

4

○生、ちょっと○題○しす○゙○゙すよ。
だっ○○゙くは、○の宿○だ○て、やら○○ち○゚なら○○ん○すか○。

5

もう○○゙、○動○。
○○しは、白○な○で、優○め○゙し○、○゙んば○うと○っ○い○○。

★遊び方のワンポイント★

・正解例とは違った文字でも、意味が通じれば正解とします。
・正解がなかなか出ないようなら、「カタカナは□。漢字は◎……」などとヒントを出してあげるとよいでしょう。
・別のヒントの出し方としては、「○の中を少しずつうめていく」というやり方があります。

4 あいうえ・遊び歌

つくって遊ぶ、ことば遊びです。みんなでワイワイ楽しく、たくさんつくってみましょう。

（例）

あ かいかさ

い つでもいっしょ

う れしいな

え きまでパパを

お むかえに

①

さ あ、いくぞ

し □

す いすいと

せ □

そ りゃむりだ

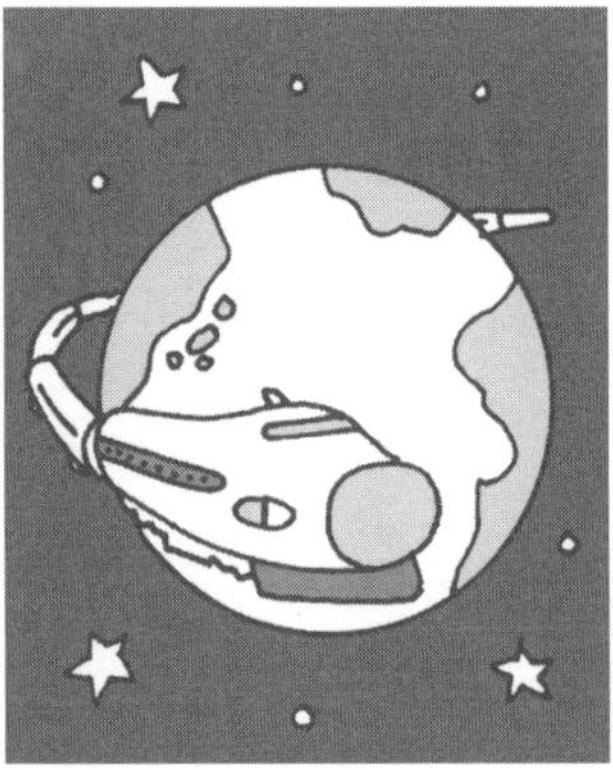

②

た いくつだ

ち □

つ い、うとうと

て □

と んでもないことになった

3

な□

にわのおもちゃは

ぬれたけど

ね□

のきしたにあったよ

4

はんかちが

ひ□

ふ□

へたなまじっく

ほら、ゆかにおちている

ぱっ

例を参考に、楽しい「あいうえ・遊び歌」を、か行〜わ行までつくってみましょう。

★遊び方のワンポイント★

・ひとつの歌が、ひとつの場面になっている（例文のように）といいですね。その際、その歌に合った、絵をかくのも楽しいですよ。

・「いつ、どこで、だれが……形式で行うと、とてもおもしろい文ができあがり、楽しさまたまた倍増ですね。

（例）

かんかんでりの

きんこのなかで

くまさんが

けんだまを

こがした

【発展】

5 名前歌

人の名前を使って、文章をつくります。4で紹介した、「あいうえ・遊び歌」の、名前バージョンです。

◆だれでも自由に

や だなあと、
ま たまたきょうも
ぐ ちこぼす
ち ょっとはだまって
さ あ、やろう
と もだちといっしょに
し ゅくだいを

◆友だちの紹介を

ま けずぎらいで
つ よそうだ
う でずもうなら
ら くしょうね
あ やしいやつは
や っつけて

★遊び方のワンポイント★

- 【だれでも自由に】は、ひとつの文章として、意味が通っているようにします。
- 【友だちの紹介を】では、その人の人柄を表すような内容の文章にします。【だれでも……】より、一段レベルアップした、難題といえます。
- 撥音や拗音は、独立させず、「かん」としたり、「きゃ」「しゅ」などとします。人の名前には、撥音と拗音が混在しているものが、かなりあります。その場合には、「じゅん」（淳子など）「しゅん」（俊介など）と、書きます。

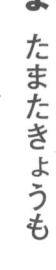

【発展】

6 かくしことば

文頭に、書きたいことをかくして文章をつくります。つまり、文章の最初の一文字だけをつなげていくと、ちゃんとした文章になるわけです。けんかをしたあと、あやまりにくいようなときには、いいですね。

（例）

きみが
のんびり
うたたねしてる
はるだから
ぼうっとするね
くもがポッカリ
がらすまどにうかんでる

わたがしみたいだ
るすばんなんて
かったるいなあ
たいくつだ
ごはんのしたくも
めんどうだ
ねちゃおうかな

◆空いている行をうまくうめて、文がつながるようにしてみましょう！

よ［　　］
るすばんだ
の［　　］
と［　　］
いやだなあ
れ［　　］
はっきょうしちゃう

と［　　］
てをあらう
も［　　］
こ［　　］
わいわいさわいで
いようかな

遊び方のワンポイント

・まったくのフリーでつくらせても良いのですが、それだとかえって難しい場合があります。まず、〝文頭の文字だけで構成される文章〟を決め、(「おなかすいた。ごはんにして」のように)それに合わせて、後ろの文章をつくっていく方が、考えやすいようです。

7 階段ことば

階段のあいている□の部分に文字を入れて、文章を完成させましょう。「、」「。」は□の中には入れません。

(例)

あ
きみ
きのう
テレビで
うたばんを
みたんでしょ
ぼくもみたんだ
おもしろかったね
こんやはアニメだよ
きみもぜったいみなよ

1

は
え?
なにさ
□□□□ ア
いいなさい
きこえないわ
□□□□□□□ イ
しゃきっとしなよ
□□□□□□□□□ ウ
そうかはがいたいのね
さいしょからそういって

											ア
い	た										
											イ
い	た	の	か								
さ	が	し	た	よ							
お	か	あ	さ	ん	も						
											ウ
い	そ	い	で	か	え	っ	た				
											エ
ば	ん	ご	は	ん	の	し	た	く	も		
											オ

2

★遊び方のワンポイント★

- 句読点は、字数に含みません。
- 最初の一文字の後、通常の文章では読点や「っ」の拗音がつきますが、この遊びに限っては例外とします。
- 「!」「?」などは、一文字として数えます。
- 最初から全体の文章を考えるよりも、一行ずつ完成させていった方が容易で、無理のない文章ができあがります。これはコツです。

答えはひとつじゃないわよ。自由にいろいろなことばをあてはめてみて！

8 バラバラことば

順番をバラバラにしたことばを、正しいことばに組み立て直します。頭を柔らかくしてチャレンジしてね。

（例）

こなはまだや → やまだはなこ

たかはしせいこ → たかしはせこい

ごみひろう → ごうひろみ

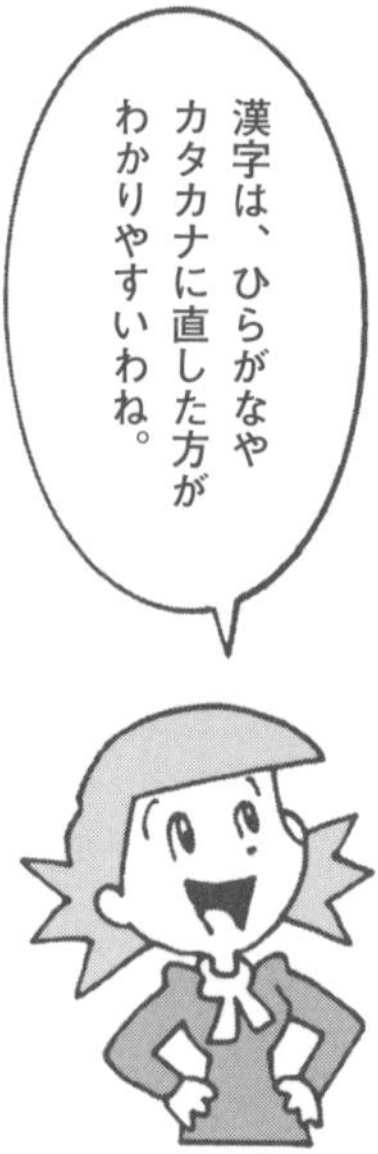
漢字は、ひらがなや
カタカナに直した方が
わかりやすいわね。

◆ジグソーパズルの絵がヒントだよ！◆

① くまんに ←

② クースイムアリ ←

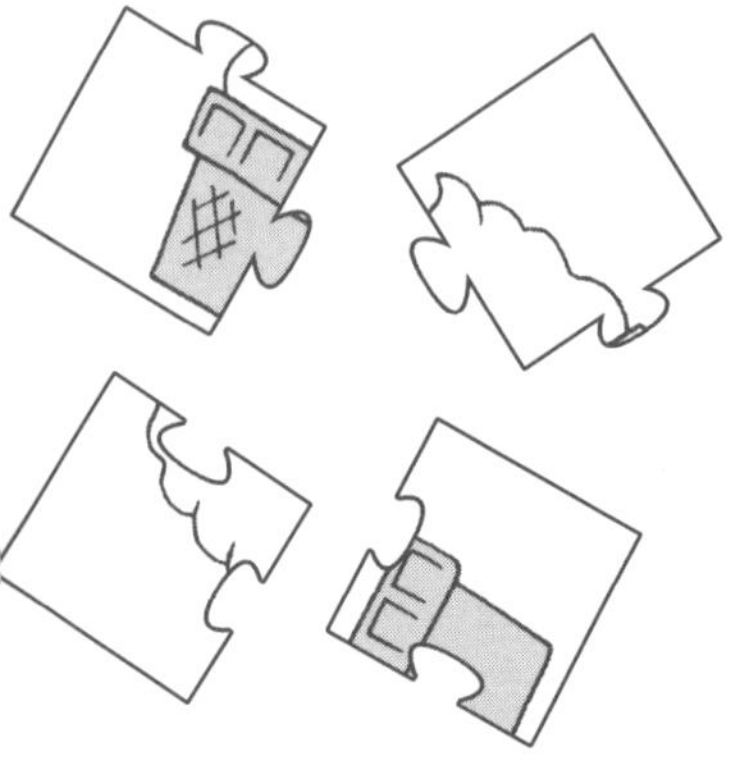

3

フーマドーボ →

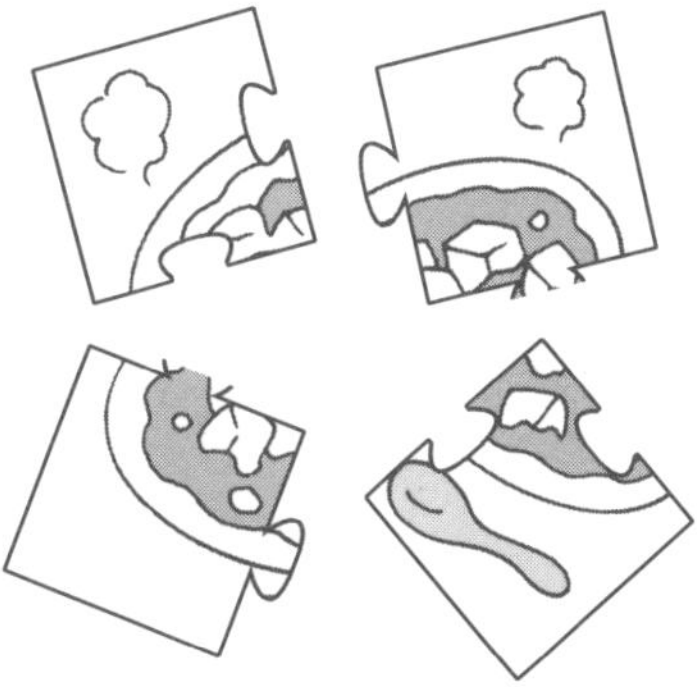

4

いかんじきょうどせ →

5

せしかんみぞんのん →

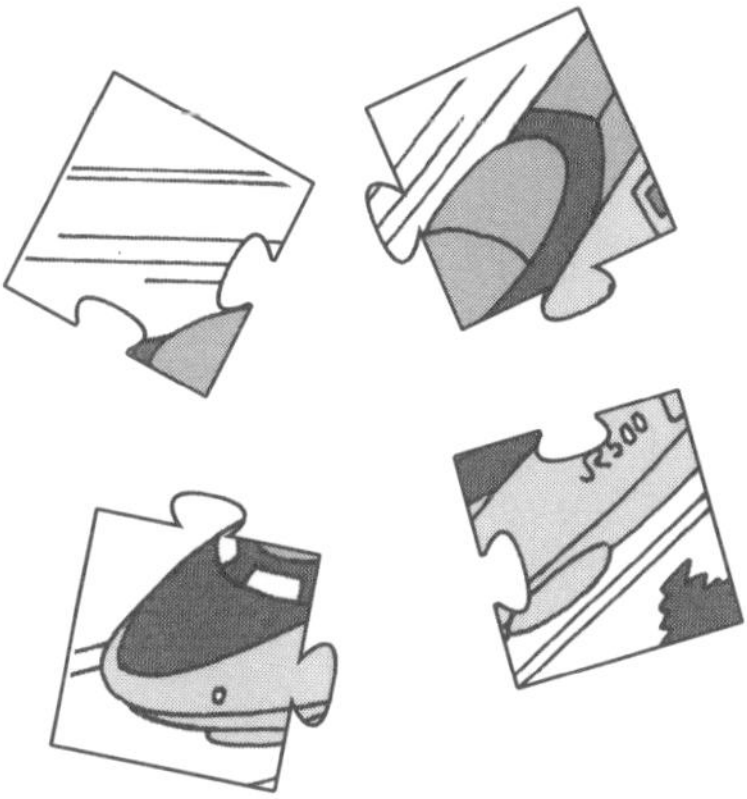

6 めとびうんでじょうたお

←

7 ほこんそんぜくとうえ

←

◆ここからヒントがつくよ◆

8 つまあみなぞそびすくやる

←

〈ヒント〉七月になると、こんな気分になるね。

❾ はにくらしたすいのおきですうこな

←

〈ヒント〉みんなもきっと大好き。おいしいもん。

❿ いよでこてんいきずなくしもなんむだか

←

〈ヒント〉そうか、ちょっと難しかったかな？

★遊び方のワンポイント★

・最初は名詞から。慣れてきたら、複合語、短文へとレベルアップしていきます。
・頭で考えるだけでは、なかなか答えが出ないときは、一文字ずつバラバラのカードにし、それを並べ替えていくと、うまくいきます。

9 数字ことば

「0」という数字も「ゼロ」だけでなく、ほかに「お(ー)」「わ」とも読めるね。【例】を参考にして、並んだ数字をことばに当てはめてみましょう。

(例)

02983 おにくやさん

72? なに?

8083 やおやさん

5963 ごくろうさん

◆さあ、ここからクイズです。
バッチリ当ててくださいね。

❶ 410264

❷ 2232641771

❸ 045105963

❹ 49497988

❺ 1030193

❻ 564805014

❼ 0268894731

❽ 175001417

❾ 72!58015?

❿ 10106425648?
13714

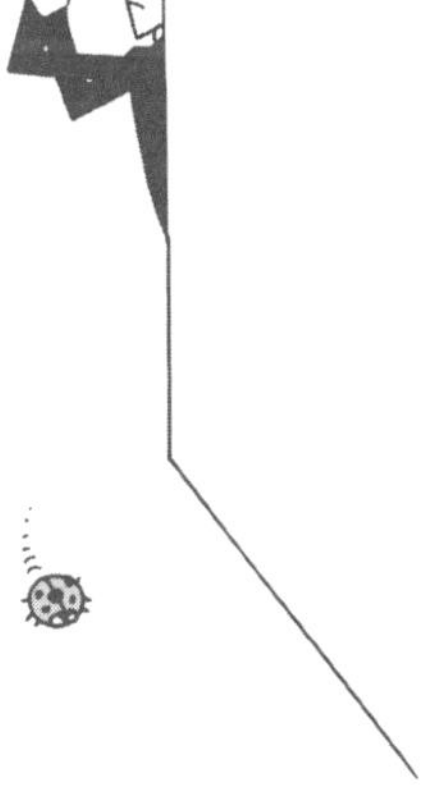

★遊び方のワンポイント★

・数字と文を逆にしても面白く遊ぶことができます。つまり、文を提示して、それに数字を当てはめていくのです。

・数字の読み方についてですが、8・0は、どちらも「～は」と読みます。8は、「は、わ、や」などとも読み、0は、「お（ー）、わ」などとも読みます。この他の数字にもいろいろな読み方があります。それについては、出題する側が確認しておくのがよいでしょう。

10 スリーヒントでピン！

三つのヒントをもとに、隠された「あるもの」を当てる遊びです。インスピレーションをはたらかせて考えましょう。

（例）

・みんなの家にある
・電気製品
・リモコンを使う
【テレビ】

・悪いやつ
・黒装束
・頭にヘンなツノ
【悪魔】

・魚
・秋
・煙
【さんま】

◆それでは問題です。

①
・飛ぶ
・豆
・平和

②
・黄色い
・赤い
・スプーン

③
・針
・糸
・機械

④
・四つ
・言葉
・悪戦苦闘など

5

・地面
・M
・ひずみ

6

・絵
・動く
・カタカナ

7

・枯れ葉
・馬
・読書

8

・夜
・こわい
・夏

9

・家
・勉強
・先生

10

・打つ
・拾う
・ネット

★遊び方のワンポイント★

・答えはひとつやふたつではなく、たくさんの正解があります。判断するのは、問題を出した側、または子どもたちになります。
・身近な物（名詞で）から始まり、段階を追って、目に見えない物や概念を出題するとよいでしょう。
・この遊びも逆バージョンが成立します。物などを言って、その概念を規定する遊びも考えられます。やや高度ですが……。

第2章　解答

1　穴あきしりとり(28－29ページ)

❶ア・ごりら　イ・だるま ウ・すいか　など。
❷ア・くりすます イ・めんたいこ
ウ・すかいだいびんぐ　など。
❸ア・やきいも イ・ももんが ウ・うきぶくろ など。
❹ア・おすし　イ・まさかり ウ・うさぎ
エ・ぎょうざ オ・かいじゅうカ・いくら　など。
❺ア・てれび イ・びわ ウ・びっくりばこ
エ・すきやき オ・くさもち カ・くすのき
キ・きつつき ク・きんめだる など。
※これ以外にも、いろいろなことばがあてはまりますね。

2　ジャンル別しりとり(30－31ページ)

☆いろいろなものが考えられるね。周りをよくみて「ことば」を探してみましょう。

3　穴あき日記(32－33ページ)

❶きょうのきゅうしょくは、やきそばです。きのう、うちでたべたばかりなので、がっかりです。
❷わたしのおとうさんは、かいしゃにつとめています。まいあさ、しちじにいえをでます。とても、ねむそうにしています。
❸A君「きのうのテレビは、おもしろかったね」
B君「そうかな、ぼくは、あまりおもしろくなかったよ。だって、あのタレント、きらいなんだ」
❹先生、ちょっと宿題出しすぎですよ。だってぼくは、塾の宿題だって、やらなくちゃならないんですから。
❺もうすぐ、運動会。わたしは、白組なので、優勝め

ざして、がんばろうと思っています。

4 あいうえ・遊び歌(34―35ページ)

❶「しんかんせんで」など。「せかいいっしゅう」など。

❷「ちょっとよこになったら」など。「てすとがあるのに」など。

❸「なかないで」など。「ねこのぬいぐるみは」など。

❹「ひとりでにきえた」など。「ふしぎだな」など。

5 名前歌(36ページ)

※周りをよく観察して、いろいろな「ことば」を探しましょう。

6 かくしことば(37ページ)

❶「よるにひとりで」など。「のんびりなんて」など。

「とんでもない」など。

「れいがみえたら」など。「といれにいって」など。

「もうげんかいだ」など。「こわいから」など。

7 階段ことば(38―39ページ)

❶

ア「はっきり」など。イ「ぶつぶついわず」など。

ウ「そういうのきらいよ」など。

❷

ア「あ」など。イ「ここに」など。

ウ「しんぱいしてる」など。

エ「ほうがいいとおもう」など。

オ「きっともうできているよ」など。

8 バラバラことば(40―43ページ)

❶にくまん ❷アイスクリーム

❸マーボドーフ　❹じどうかいせんきょ
❺しんかんせんのぞみ　❻たんじょうびおめでとう
❼ぜんこうとほえんそく
❽あそびまくるぞ、なつやすみ
❾おすしですきなのは、うに、いくら、たこ
❿こんなもんだい、むずかしくてできないよ

9　数字ことば(44ー45ページ)

❶よいおふろよ
❷富士山に、虫いない
❸お仕事、ご苦労さん
❹しくしく泣く母
❺父さんは一休さん
❻ころしやはこわいよ
❼おふろはやくしなさい
❽いなごはおいしいな
❾なに！　ごはんはいちご？
❿てんとう虫に殺し屋？　意味ないよ

10　スリーヒントでピン！(46ー47ページ)

❶鳩
❷カレーライス
❸ミシン
❹四字熟語
❺地震
❻アニメ
❼秋
❽お化け・ユーレイ
❾家庭教師
❿バレーボール

第3章

おもしろ・漢字遊び

今度は漢字の世界だよ。
漢字を使ってどんな遊びができるのか、
じっくり読んで、
バッチリ楽しんでね。

1 この絵、何の絵？

ここにある絵を見て、何をかいた絵かわかるかな？
よーく考えて、□の中に漢字を入れましょう。

❶ 米□

❷ □□□

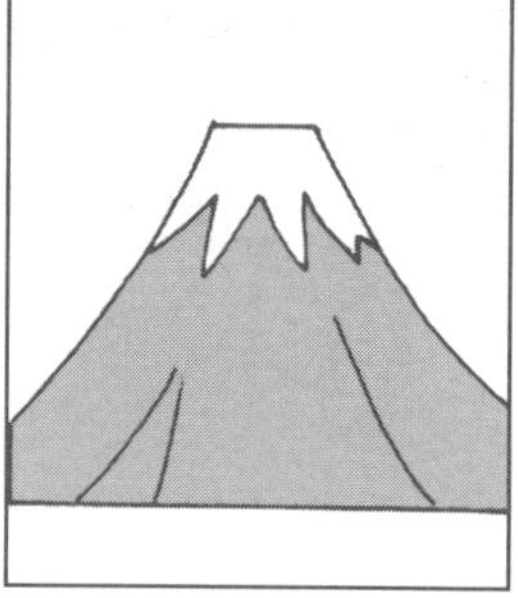

❸ □□

❹ □

5

□宙□□□

6

□気□□□

7

□族□□

8

□□

9

□□□戦

10

□理□□

★遊び方のワンポイント★

・画用紙に好きな絵をかかせ、それをみんなで当てる、という遊びも盛り上がります。

・子どもたちが各自、あらかじめ用意した小さなカードに好きな絵をかきます。それを持ち寄って小グループをつくり、当てていくのも楽しい遊びです。なお、漢字の苦手な子のために、辞書の持ち込みを可とする方法もあるでしょう。

2 仲間はずれを探せ！

それぞれグループの漢字の中から、仲間はずれの漢字を探し出します。

さて、うまく見つかるかな？

❶
【山】【石】【谷】【川】
【林】【雲】【橋】【湖】
【風】【沼】

❷
【長】【秋】【千】【北】
【空】【熊】【佐】【香】
【青】

❸
【鳥】【豚】【羊】【馬】
【象】【鹿】

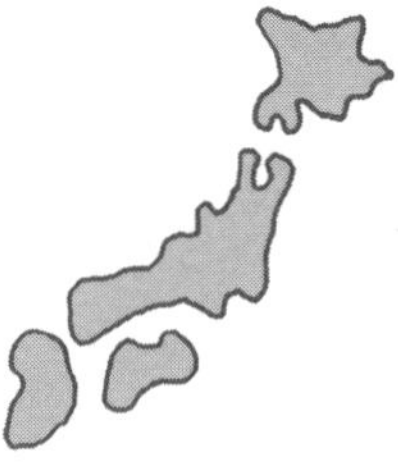

④

【掃除機】【一輪車】

【新幹線】【蛍光灯】

【映画】【放送局】

⑤

【柔道】【沼】【水泳】

【傘】【太平洋】【魚】

⑥

【本】【冷蔵庫】【地球】

【携帯電話】【自動車】【筆箱】

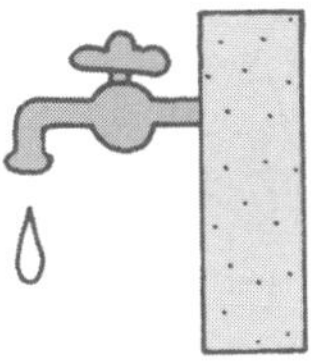

⑦

【青山】【赤坂】【白山】

【黒部】【銀座】【新宿】

⑧

【国語】【家庭科】【理科】

【算数】【図工】【音楽】

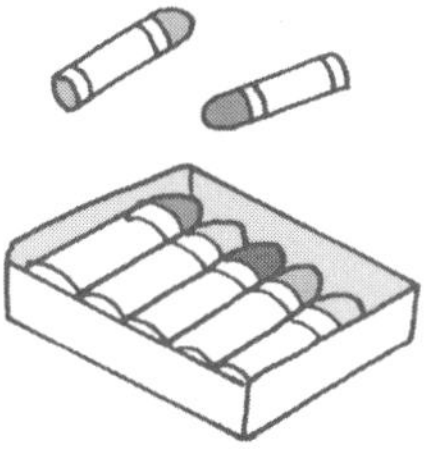

★遊び方のワンポイント★

・この遊びの中で、思ってもみなかった答えの出されることがあり、それが正解であることも多いのです。本書の解答にこだわらず、子どもたちの発見した解答を尊重してあげてください。

・大人の思いもよらないところで、傷つく子どもが出てしまう危険性もありますので、子どもを設問につかって問題をつくるのは避けましょう。

3 間違い探し

次の会話の中に、間違った漢字が使われています。それを見つけ出し、正しい漢字に書き直しましょう。

1

英司「昨日の液、ゲームで遊んでいたら、お母さんが、『速く眠なさい』って、うるさいんだ。士方ないから九時にベッドに人ったよ。お母さん、気嫌がわるかったのかなあ」

健一「ぼくんちだって、お母さんが一いち問句を言うんだ。熟の宿題だって択山あるのに、もううんざりさ。それにお父さんまで会社から返ってくると、『勉強したか』だもんなあ」

2

優香「先周、けっこう熱い日があったでしょ?」

綾「うん、以外と熱かったね」

優香「その日、お母さんに『一所にプールへ行こう』って言ったら、心よくオッケーしてくれたの」

綾「いいなあ、うちのお母さん、私のことにあまり感心がないみたい。全々だめよ」

優香「もっと真検にたのんでごらん。絶体だいじょうぶ」

綾「そうかなあ。いつだって、何を言ってもあまり手答えがないんだよね」

★遊び方のワンポイント★

・大きな間違い（例：海へ行った→産みへ言った）は、興味を半減させます。偏だけを違えたり、よく似た漢字を使うなど、探しにくいミスほど楽しめます。
（例：抱→泡　熊→態）

4 ピンとくるかな？

あるモノを、むりやり漢字を並べて表しました。いったい、何のことを言っているのでしょう。

（例）

勉強置本筆木

↓

机

◆さあ、チャレンジしてみましょう。シルエットがヒントだよ。

❶ 暑日涼風回転羽機

❷ 電子完璧可能計算文絵遊他

❸ 四角絵飛出色付電気紙芝居

❹ 繰返飛行宇宙翼海上着陸

5

小軽便利話文字絵
音持歩機

6

眼中小眼鏡痛無柔
硬視界良好世界明

7

猫型青色全出袋丸
機械鼠嫌

8

光望等最速車両安
全世界一

9

巨大三分強力正義
宇宙色時計危険変
身売虎男

10

山川海岸道等移動
家家族皆楽

★遊び方のワンポイント★

・一文字、一文字にこだわっていると、わかりにくくなります。全体をザッとながめて、感じたイメージを大切にした方がいいようです。

・それほど難しくはない遊びです。場合によって、ヒントの絵は、必要に応じてあとから示してもかまいません。

・問題をつくって、出し合うのも楽しいでしょう。

5 この国、どこの国？

㋐～㋖の漢字で書かれた七つの国はどこの国かわかりますか？　呼びなれている❶～❼のカタカナの国と結びつけましょう。

絵と漢字をよく見て考えてね。

❶ エジプト

❷ フランス

❸ スイス

❹ イタリア

❺ スペイン

❻ ブラジル

❼ カナダ

ウ
西班牙

エ
加奈陀

オ
瑞西

カ
伊太利

キ
伯剌西爾

★遊び方のワンポイント★

- 「知っている」こと以上に、「感じる」ことが大切な遊びです。漢字をじっくりとながめ、「これかな?」と思ったひらめきを大事にすると、うまくいきます。
- わかるものからつないでいき、残ったものをあとから考える、そのほうが正答率が高いようです。

わたしも行ってみたいなぁ。

6 漢字しりとり

空白の四角を、63ページのわくの中からあてはまる漢字を選んでうめていきます。さてさて、うまくゴールにたどり着けるでしょうか。

（例）

大（小）→ 小学校 → 校門 → 門限
→ 限度 → 度数 → 数学 → 学生
→ 生活 → 活力 →【力】ゴール！

❶

富士山 → □□ → □□ → 草花 →
□□ → □□ → 根元 → □□ →
□□ →【味】ゴール！

❷

電話 → □□ → □□ → □□ →
料理 → □□□ → □□ → 内科
→ □□ → □□ →【標識】ゴール！

③
給食→□□□→□□→質問
→□□□→□□□□→所持
→□□→□□→【加勢】ゴール！

④
飛行機→□□□→車道
→□□□□→□□→件数
→□□→□□→【数】ゴール！

⑤
食器→□□□□→□□→作物
→□□□→□□□□→□→
題目→□□□□→【成功】ゴール！

☆この中から、あてはまる漢字を選んで、□をうめていこう。
文字数がヒントだよ。

「山道」「操作」「道草」「学習問題」「花屋」「道路工事」「屋根」「元気」「気味」「話題」「数字」「機関車」「題材」「材料」「理科室」「物理学」「室内」「科目」「目標」「器械体操」「食料品」「事件」「品質」「問題集」「集合場所」「字数」「題」「持参」「参加」「目標達成」

★遊び方のワンポイント★

・なかなかわからない場合には、ヒントとして、四角の中の一文字だけを知らせてあげます。さらに必要に応じて、知らせる文字を増やしていきます。
・グループで行う場合には、ヒントとして□の部分にジェスチャーをとり入れても面白いでしょう。

7 反対漢字はどこだ!?

『ウォーリーを探せ』形式です。絵の中に、たくさんの漢字が散らばっていますね。反対の意味をもつ漢字を探しましょう。

❶ 前進→（　　　）
❷ 上昇→（　　　）
❸ 暑→（　　　）
❹ 速→（　　　）
❺ 復→（　　　）
❻ 嫌→（　　　）
❼ 許可→（　　　）
❽ 空腹→（　　　）
❾ 勝利→（　　　）
❿ 複雑→（　　　）

★遊び方のワンポイント★

・ダミーに惑わされないことが、ポイントです。
・まず、❶〜❿の漢字の反対ことばを考え出すことから始めましょう。うまく見つからない時は、考えた反対ことばが間違っているのかもしれませんね。
・「全部のカードを探し出すタイムを競う」「指定された反対ことばのカードを早く見つけ出す」などの遊び方もあります。

8 漢字をうめろ!

文章のところどころが□になっています。67ページのわくの中からそこに正しい漢字を当てはめて、文章を完成させましょう。絵がヒントになりますよ。

1 昨□《ア》、□□《イ》そろって、遊□《ウ》地へ□《エ》きました。□□《オ》車に□《カ》ったら、□《キ》くの景□《ク》までよく□《ケ》えました。ジェットコースターやお□《コ》けやしきが、とてもおもしろかったです。

2 とてもいい□□《ア》で、□《イ》い□《ウ》が、ぽっかりと□《エ》かんでいました。□《オ》が□《カ》の□《キ》で、グワー、グワーと、へんな□《ク》き□《ケ》をあげていました。

3 お□《ア》さんは、□《イ》くもないのに、□□《ウ》、□《エ》びっしょりでした。きっと、お□《オ》さんも、こわかったんだと□《カ》います。ジェットコースターで□□《キ》をあげていましたから。

グワー
おばけやしき

★この中から、当てはまる漢字を選んで□の中に入れよう。

「浮」「白」「園」「色」「化」
「鳥」「鳴」「思」「父」「雲」
「見」「乗」「行」「声」「暑」
「木」「日」「上」「汗」「遠」
「悲鳴」「顔中」「家族」
「天気」「観覧」

★遊び方のワンポイント★

- まず、じっくりと絵を見ることが肝心です。
- 絵を見ずに、予想のつくことば（漢字）をうめてしまうのも、ひとつの方法です。
- 当てはめる言葉はわかっているのに、漢字だけがわからない、という時には、とりあえずひらがな（カタカナ）を入れておき、後から辞書で調べて漢字をうめる方法も、考えられます。

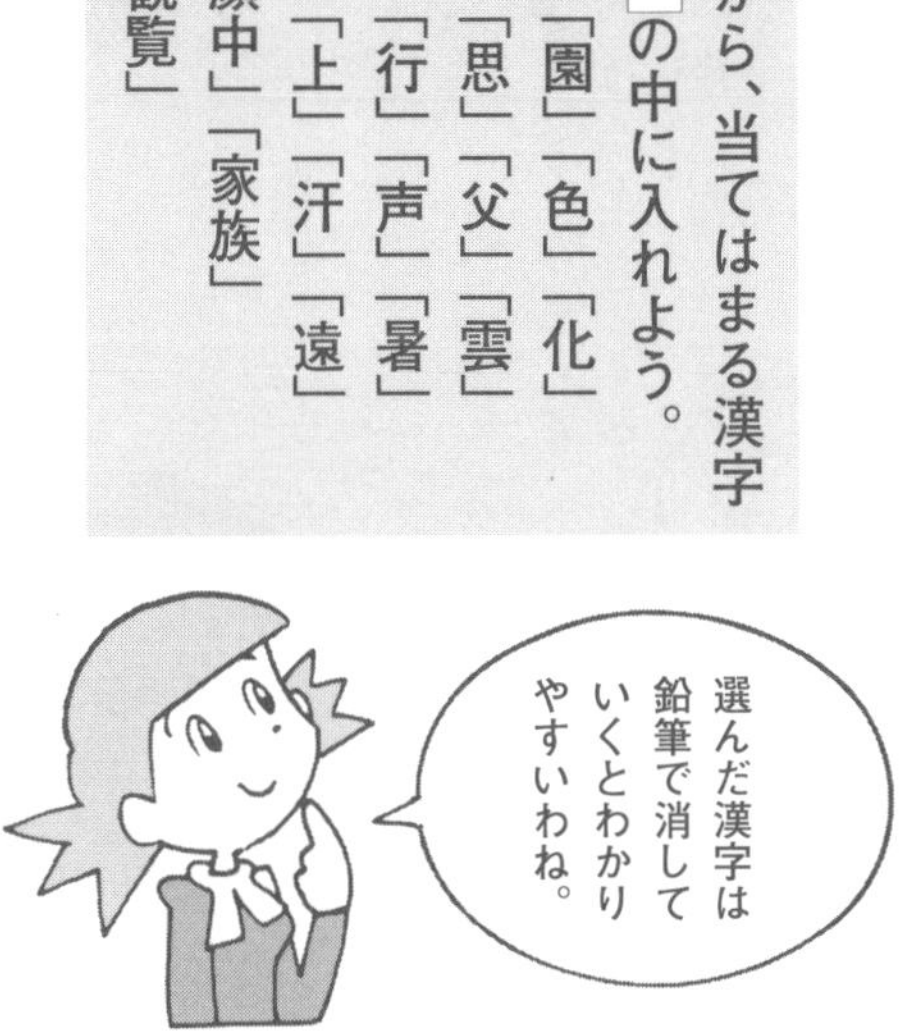
選んだ漢字は鉛筆で消していくとわかりやすいわね。

9 何のスポーツかな？

1 絵のスポーツと、漢字を結びつけます。下のわくの中から、絵にぴったりのスポーツを探し出しましょう。
さて、うまく見つかるかな？

・蹴球
・庭球
・籠球
・送球
・卓球
・排球

ア

イ

カ
ウ
オ
エ

2 次の絵に関係するスポーツを、漢字（かな混じりでもよい）で書いてみましょう。

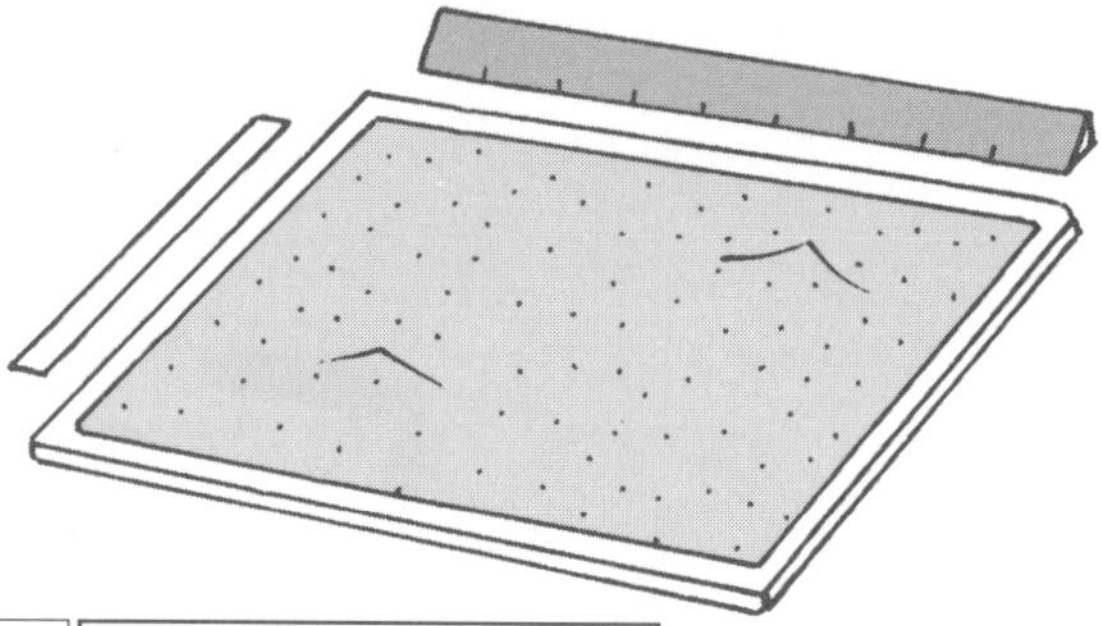

1

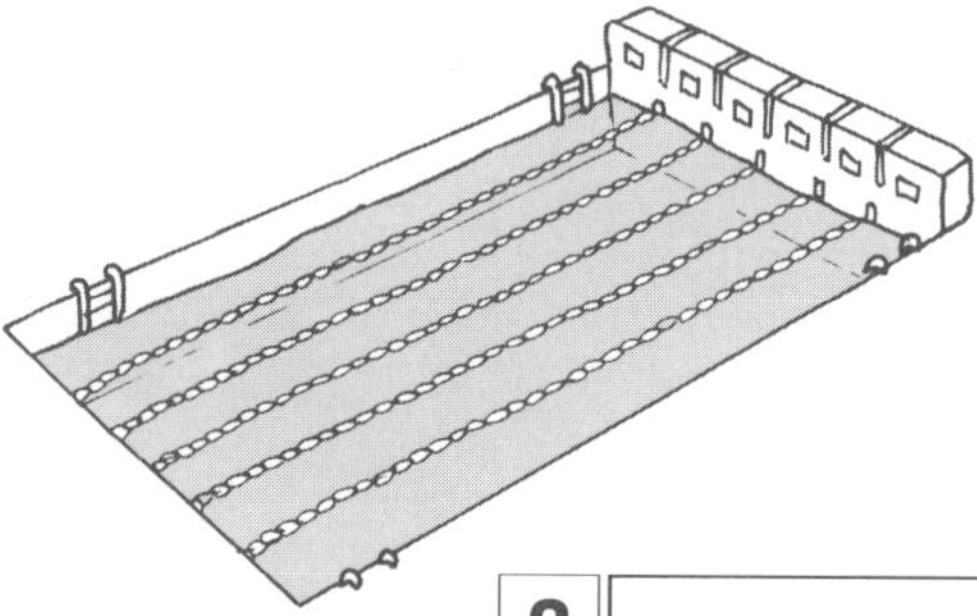

2

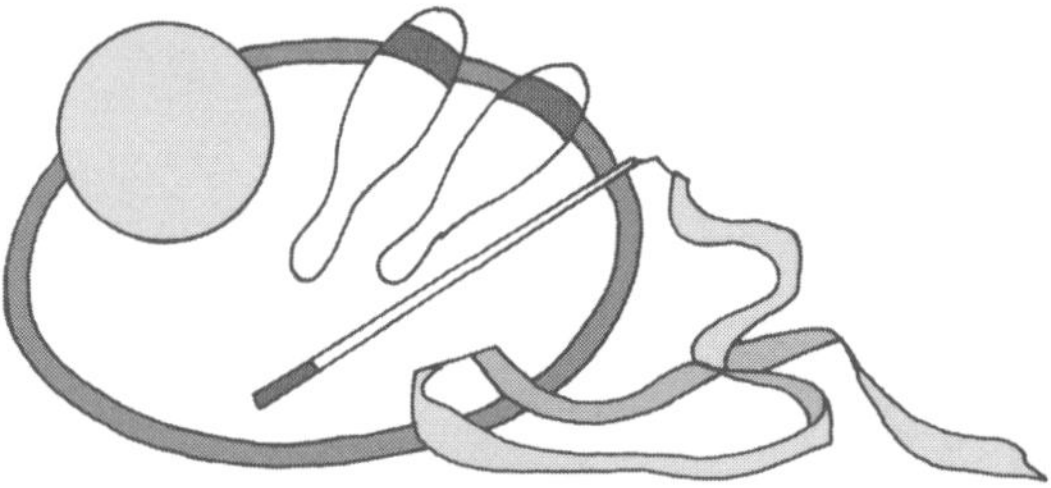

3

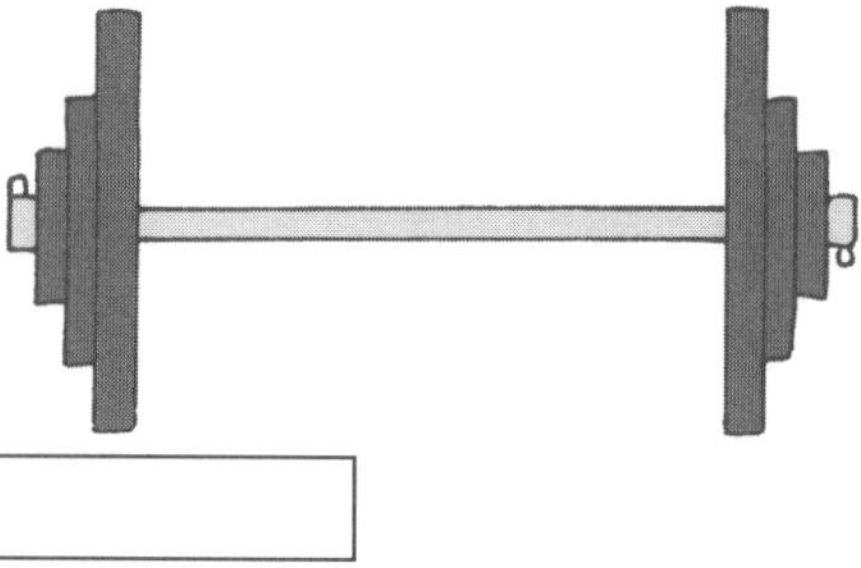

4

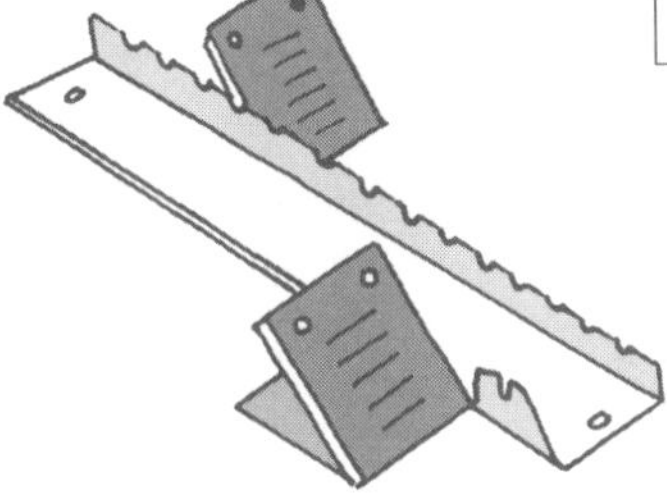

5

6

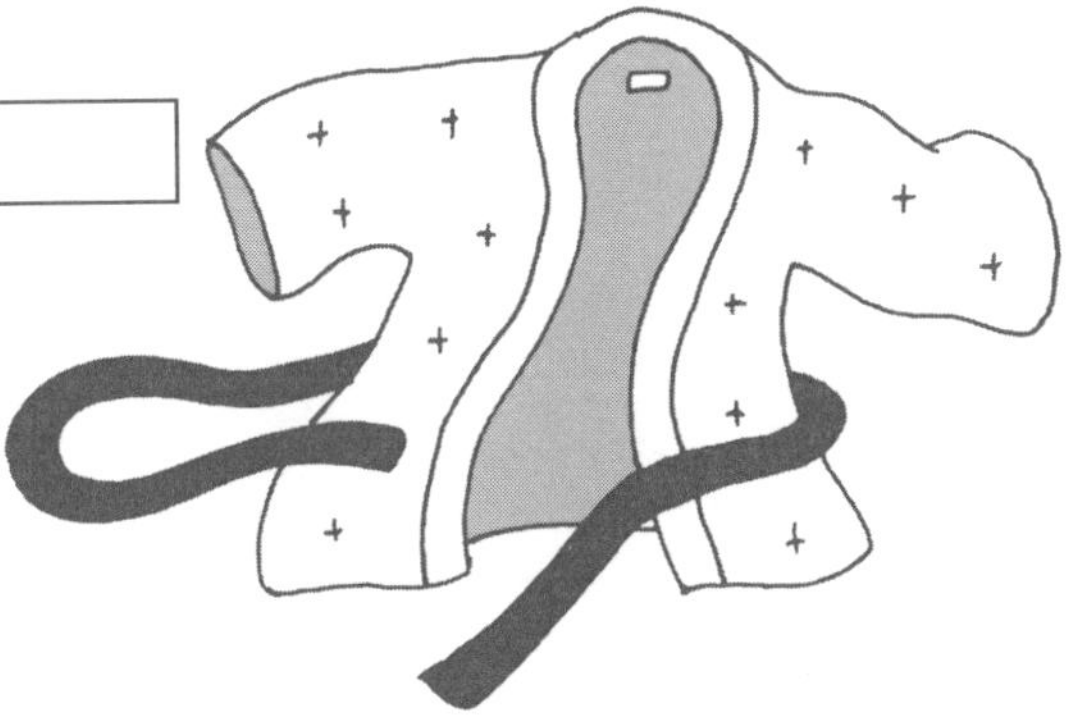

7

★遊び方のワンポイント★

・❶の場合、漢字のつくり方をよく見ることです。部首も大いに参考になりますね。

・❷では、絵を紙などで隠し、はじから少しずつ見せていって、早く正解を書いた者の勝ち、などというように遊ぶこともできます。

・絵によるヒントの強弱を、かき方で変えると、発達段階などに応じた遊びができます。

8

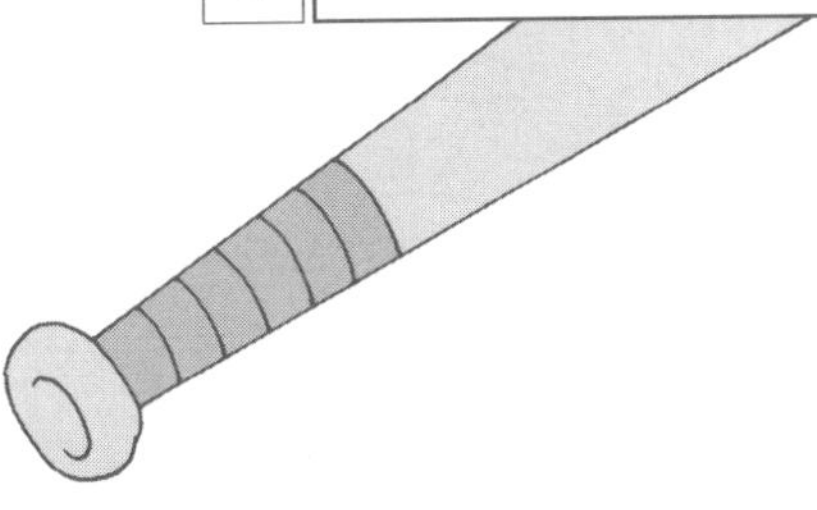

10 何の漢字かな?

ヒントのことばと絵を見ながら、ぴたりと当てはまる漢字を考えましょう。

(例)

山を上がったり、下ったり。

答え【峠】

◆さあ、問題。漢字は全部ひと文字ですよ。

1 まっすぐな木だよ。

2 人が立っているね。

3 百ひく一は?

4 田んぼの仕事は、力がいるなあ。

5 土がちょっとだけ。

6 八十八回も手間をかけてつくるんだね。

7 昔の人だよ。

8 女の子がスキなのかな？

9 口が二つもある！

10 山に石がゴロゴロしている。

★遊び方のワンポイント★

・部首の意味をしっかり理解させておいたほうが、考えやすいでしょう。
（亻・人を表す。氵・水を表す……など）

・❸のように、トンチ問題も含めると、堅苦しくなくなります。

11 この漢字、読めるかな？

世の中には、けっこう読めない字がありますね。このコーナーは、ちょっと難しい漢字を集めてみました。気合いを入れて読んでくださいね。

1 こんな動物、いるか？

ア 石竜子
イ 守宮
ウ 海豚
エ 土竜
オ 蚯蚓

❷ ここってどこ？（地名を当てよう）

㋐ **薬研**（青森県）

㋑ **及位**（山形県）

㋒ **四尾連湖**（山梨県）

㋓ **木賊**（福島県）

㋔ **大歩危**（徳島県）

❸ こんな駅、知ってた？

㋐ **長都**（北海道）

㋑ **愛子**（宮城県）

㋒ **木下**（千葉県）

㋓ **禾生**（山梨県）

㋔ **膳所**（滋賀県）

㋕ **志都美**（奈良県）

㋖ **朝来**（和歌山県）

㋗ **戸田**（山口県）

㋘ **半家**（高知県）

㋙ **生見**（鹿児島県）

★遊び方のワンポイント★

みんなも、調べてみよう！

・なかなか読めない字を探すのは、新聞、地図帳が役立ちます。読みにくい人名を探すなら、電話帳。バッチリ探して、「読めない字ノート」をつくっちゃおう。

第3章　解答

1　この絵、何の絵？（52－53ページ）

❶米国　❷富士山　❸天使　❹侍　❺宇宙飛行士
❻蒸気機関車　❼家族旅行　❽台風　❾野球観戦
❿料理教室

2　仲間はずれを探せ！（54－55ページ）

❶【橋】他はすべて自然界にあるもの
❷【空】他はすべて都道府県に関係のある漢字
❸【象】他はすべて、一般的に食肉として食されるもの
❹【一輪車】他はすべて、電気を使うもの
❺【柔道】他はすべて、水に関係がある
❻【地球】他のものにはすべて、角や角張った部分があある。全体的に丸いのは、地球だけ
❼【黒部】他はすべて東京都にある
❽【家庭科】家庭科だけが、同じ音を二度使っている（「か」を二回）
【新宿】色がない、も正解

3　間違い探し（56－57ページ）

❶
英司　「昨日の夜、ゲームで遊んでいたら、お母さんが、『早く寝なさい』って、うるさいんだ。仕方ないから九時にベッドに入ったよ。お母さん、機嫌がわるかったのかなあ」
健一　「ぼくんちだって、お母さんがいちいち文句を言うんだ。塾の宿題だって沢山あるのに、もううんざりさ。それにお父さんまで会社から帰ってくると、『勉強したか』だもんなあ」

❷
優香　「先週、けっこう暑い日があったでしょ？」

綾　「うん、意外と暑かったね」

優香　「その日、お母さんに『一緒にプールへ行こう』って言ったら、快くオッケーしてくれたの」

綾　「いいなあ、うちのお母さん、私のことにあまり関心がないみたい。全然だめよ」

優香　「もっと真剣にたのんでごらん。絶対だいじょうぶ」

綾　「そうかなあ。いつだって、何を言ってもあまり手応えがないんだよね」

4　**ピンとくるかな?**（58－59ページ）

❶扇風機　❷パソコン（コンピューター）❸テレビ　❹スペースシャトル　❺携帯電話　❻コンタクトレンズ　❼ドラえもん　❽新幹線　❾ウルトラマン　❿キャンピングカー

5　**この国、どこの国?**（60－61ページ）

❶エジプト－㋑・埃及　❷フランス－㋐・仏蘭西　❸スイス－㋔・瑞西　❹イタリア－㋕・伊太利　❺スペイン－㋒・西班牙　❻ブラジル－㋖・伯剌西爾　❼カナダ－㋓・加奈陀

6　**漢字しりとり**（62－63ページ）

❶「山道」「道草」「花屋」「屋根」「元気」「気味」
❷「話題」「題材」「材料」「理科室」「室内」「科目」「目標」
❸「食料品」「品質」「問題集」「集合場所」「持参」「参加」
❹「機関車」「道路工事」「事件」「数字」「字数」
❺「器械体操」「操作」「物理学」「学習問題」「題」「目標達成」

7　**反対漢字はどこだ!?**（64－65ページ）

❶前進－後退　❷上昇－下降　❸暑－寒

❹速－遅 ❺復－往 ❻嫌－好 ❼許可－禁止
❽空腹－満腹 ❾勝利－敗北 ❿複雑－単純

8 漢字をうめろ！（66－67ページ）

❶ア・日 イ・家族 ウ・園 エ・行 オ・観覧
カ・乗 キ・遠 ク・色 ケ・見 コ・化
❷ア・天気 イ・白 ウ・雲 エ・浮 オ・鳥
カ・木 キ・上 ク・鳴 ケ・声
❸ア・父 イ・暑 ウ・顔中 エ・汗 オ・父
カ・思 キ・悲鳴

9 何のスポーツかな？（68－71ページ）

❶ア・蹴球《しゅうきゅう》 イ・排球《はいきゅう》 ウ・籠球《ろうきゅう》 エ・卓球《たっきゅう》
オ・送球《そうきゅう》 カ・庭球《ていきゅう》
❷[1]走り幅跳び、三段跳びなど。[2]水泳、競泳など。
[3]新体操 [4]重量挙げ [5]短距離走 [6]柔道
[7]器械体操 [8]野球

10 何の漢字かな？（72－73ページ）

❶【植】❷【位】❸【白】❹【男】❺【寺】
❻【米】❼【借】❽【好】❾【回】❿【岩】

11 この漢字、読めるかな？（74－75ページ）

❶こんな動物、いるか？ ア・とかげ（蜥蜴とも書く）
イ・やもり ウ・いるか エ・もぐら オ・みみず
❷ここってどこ？ ア・やげん イ・のぞき
ウ・しびれこ エ・とくさ オ・おおぼけ
❸こんな駅、知ってた？ ア・おさつ イ・あやし
ウ・きおろし エ・かせい オ・ぜぜ カ・しずみ
キ・あっそ ク・へた ケ・はげ コ・ぬくみ

第4章

「へえ〜っ、知らなかった」の部屋

ようこそ、いらっしゃ〜い!
読んだら思わず
「へえ〜っ」って言っちゃうこの部屋です。
ゆったり、のんびり楽しんでください。

1

早口ことば

おなじみの、早口ことばです。有名なものから、私のつくったものまで、いろいろ並べてみました。さーて、舌をかまずに言えるかな？

- 赤巻紙、青巻紙、黄巻紙
- 東京特許許可局
- お綾や、親にお謝り
- バスガス爆発
- 新春シャンソンショー
- 蛙ぴょこぴょこ三ぴょこぴょこ合わせてぴょこぴょこ六ぴょこぴょこ

・隣の客はよく柿食う客だ

・生麦生米生卵

・たすきがけのたぬきがたんすにはたきがけ

・駒込のわがまま娘、三つ合わして三駒込の三わがまま娘

・田中さんちの裏の木のカナカナなかなか鳴かず、中になかなか長く鳴くカナカナがいたから仲良しの友だちとそのカナカナが鳴きやむまでかなり待っていたが、なかなかカナカナは鳴きやまなかった

・おやおやあややが八百屋にお謝りになったら親が大家にあやしまれた

・栃《とち》の灘《なだ》と稀勢《きせ》の里《さと》はポンコツコンポを積んだメルセデスベンツとランボルギーニカウンタックに乗っている

みんなも、やってみよう！

・だれが早く、間違わずに言えるか、競争しよう。
・いくつかの早口ことばをつなげて言えたら、もうプロ。
・正確に言えているかどうか、審判がいると公平だね。

2 おもしろ・ことばのはじまり

ふだん、何気なくつかっていることば。そのことば一つひとつには、ちゃんと“はじまり”があります。「へえ～」と、感心してしまうはじまり。「うそォ！」と言いたくなるようなはじまり。思わず吹き出してしまうような、おかしなはじまり……などなど。

さあ、いったいどんなことばに、どんなはじまりがあるのでしょうか。

① あかんべえ

赤目から、つまり目の赤い部分を見せることからついた。

② うやむや

「有りや無しや」を漢文で書いた「有耶無耶」から。

③ 置いてけぼり

江戸の本所（現在の東京都墨田区）にあったある堀の前を夕方、魚かごを提げて通りかかると、堀の中から「置いてけ」という声が聞こえたという。「本所七不思議のひとつ」

❹ おけら

昆虫のオケラは、土を掘る時のようすを前から見ると、「お手上げ」の格好に見えることからついた。

❺ がにまた

カニのまたが横に広がっているようすからついた。

❻ 面白い

奈良時代、中国から伝わった白粉を使ったところ、その顔が面白かったことからついたことば。

❼ 毛嫌い

動物が、相手をその毛並みによって嫌うことからついた。

❽ くしゃみ

もとは、くしゃみをしたときに唱える呪文「くさめ」。くしゃみをすると早死にするという俗説があり、「くさめ」と唱えると、それを免れることができると信じられていた。

❾ ごきぶり

「ごきかぶり」から転じた。「ごき」は食器のこと。「かぶり」はかじることをいった。

❿ 図星

弓矢の的の中心の点を「図星」ということから。

⑪ そばかす

そばの実を「そばかす」といい、それに似ていることからついた。

⑫ でたらめ

「目」はさいころの目のこと。「出たらその目」という、適当なこと。

⑬ とどのつまり

「とど」は、魚のボラのこと。ボラは成長するにつれて、いろいろな呼び方をされるが、最後は「とど」と呼ばれることから。

⑭ ぶっきらぼう

「ぶっ切り棒」からの転意。乱暴に切った木のことをいう。

⑮ へぼ

「平凡」から転じたことば。

⑯ 炎

「火の穂」つまり、火の先端が穂のようになっていることから。

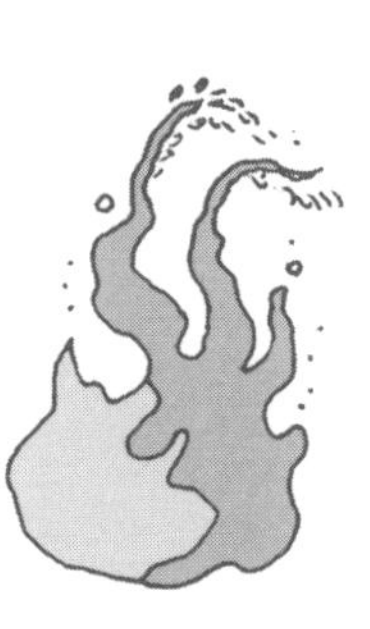

17 まぶしい

「まぼそい」からきている。あまりに強い光に、目を細めることからいわれるようになった。

18 みっともない

「見とうもない」から。見たくもないほどいやなこと。

19 もしもし

「申す申す」が転じてこのことばが定着した。

20 元も子もない

「元」は元金。「子」は利子。どちらもなくなることから。

みんなも、やってみよう！

・面白い「ことばのはじまり（語源という）」を、探してくる。それを発表しあって、みんなに「へえーっ」と言わせたらすごい。「トリビアの泉」の語源版だね。

・「語源辞典」というのがあるから、それで調べてみると、いろいろなことがわかるよ。

3 ああ、読み違い・言い違い・聞き違い

人間って、面白いですね。コンピュータと違って、時々、読み違えたり、言い違えたり、はたまた聞き違えたり。そんな時って、その場の空気がフッとなごみませんか？

ここはそんな、「心のいやしコーナー」です。

?

1 笑っちゃう、読み違いと言い違い。どれが読み違いで、どれが言い違いかな？

ア
この町って、人《にん》気《き》がないわね。
・・・・
寂しい町ですね。「ひとけ」の間違い。

イ
この工作、もっと工《え》夫《ふう》しなさい。
カタカナの「エ」じゃないってば。「くふう」の間違い。

ウ

秋葉原《あきばはら》へ行こうよ。
どこにあるの?「あきはばら」の間違い。

エ

あのう、給湯室《きゅうゆしつ》はどちらでしょうか。
油が必要ですか?「きゅうとうしつ」の間違い。

オ

これ、何の御礼《おふだ》なのかしら。
くんくん
おいしそうな匂いがしますけど。「おれい」の間違い。

カ

便所
ねえこのお店、お通《つう》じが出るんだって。
サワー
ビール
すっきりしてよかったですね。「おとおし」の間違い。

キ

遅刻しそうで、焦《こげ》りまくったんですって
きっと、まっ黒ですよ。「あせり」の間違い。

ク

ねえねえ、このかまぼこ、生物《せいぶつ》って書いてあるわよ
おいしい
かまぼこ
生物
確かに、もとは生物でした。「なまもの」の間違い。

ケ

ハロカミさん……ですか？
ハロカミ
「やぐちりきぞう」と読みます。

② 次は、えっ？　と驚く「聞き違い」。
あなたにも、経験ありませんか？

㋐「おい、野球に行くぞ」
「えっ、やきにく？　やったー！」

㋑「となりのトトロ」
「となりのトロロ」

㋒「五時だ！」
「えっ、ゴジラ？」

㋓「正直に言いなさい」
「ぼくがやりました」
「掃除機に言ってどうするのよ」

㋔「みなさん、ご声援ありがとうございました」
「いいなあ、五千円ももらえて」

みんなも、やってみよう！

・こうした「笑っちゃう」勘違いは、身のまわりにけっこうあるものです。気が付いたらメモっておいて、ことば遊びとして、みんなで楽しみましょう。

4 だじゃれ・ことば遊び

「なーんだ、ダジャレか」なんて、言わないで。ダジャレも、りっぱなことば遊びです。これなら気楽に楽しめますね。

・庭に小鳥が二羽いる
・ぞうがぞうりをはいたぞう
・ふとんがふっとんだ
・クレヨン買ってくれよん
・バラがバラバラ
・ぼく、ボクサー

・筑波山に住み着くばあさん
・蝶を描くのは、超・難しい
・「相談できるの？」「そうだんです！」

とまあ、このあたりはおなじみですね。だじゃれなら、身のまわりにいくらでもありますので、とてもここでは紹介しきれません。

でも、こんなのはどうでしょう。「ブルーシャトー」という歌をもとにしています。知っている人、歌った人も、たくさんいるはずです。

♪　森トンカツ　泉ニンニク
かコンニャク　まれ天ぷら
静かニンジン　ねむルスバン
ブルー　ブルー　ブルーシャトんがらし

◆ほかにも、日本の県をおりこんだ、だじゃれ歌もあります。

すべってころんで大分県
オバケを見たら青森県
ぼくは勉強秋田県
しまの服着た福島県
キリンの首は長野県

目隠ししたらもう三重県
うちの番犬ほら千葉県
うんちをしたら福岡県
名字があとだよ長崎県

……まだまだ続きます。ただこの歌は、地方によって、少しずつ違っているようです。

どうです？　だじゃれでも、このようにひとつの「かたまり」にすると、りっぱなことば遊びになるでしょう。

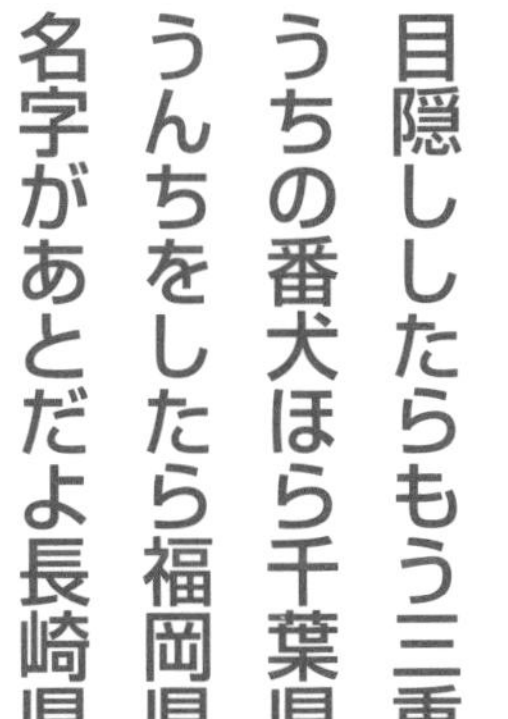

みんなも、やってみよう！

・「だじゃれ大会」なるものを開催してはどうでしょう。だじゃれは、子どもたちに最もなじみのある、ことば遊びです。開催日を予告しておけば、きっと、盛り上がりますよ。
・教室であれば、「創作だじゃれコーナー」などを設け、気軽にことば遊びのできる環境を整えてあげてはどうでしょうか。

5 回文で～す！

これはなかなか難しいことば遊びです。この本のラストをかざるのに、ふさわしいですね。簡単なところでは「トマト」「きつつき」「しんぶんし」などの単語があります。一歩進んで「とんまのマント」「いかたべたかい」と、このあたりから、少しずつ、難しくなってきます。

読むのは簡単だけれど、つくるのはとても大変。ですから、有名な回文は、いろいろな本に何度も登場するくらいです。けれど、とっても楽しい「回文ワールド」です。

・私、負けましたわ
・今、めまい
・参観日は、敏感さ
・うどん、どう？
・野茂の物
・あ、なんか、いかんなあ
・良い知らせらしいよ
・だんな、今朝、おいしいおでんで、おいしいお酒なんだ
・飲も！　竹藪焼けたもの
・胃潰瘍、もう良いかい？
・確かに、うどん粉を近藤に貸した
・だんな、うそ？　あらあ、そうなんだ
・中井さん、天才かな？
・猿でもモデルさ

・わたしまけましたわ
・いまめまい
・さんかんびはびんかんさ
・うどんどう
・のものもの
・あなんかいかんなあ
・よいしらせらしいよ
・だんなけさおいしいおでんで
　おいしいおさけなんだ
・のもたけやぶやけたもの
・いかいようもうよいかい
・たしかにうどんこをこんどうにかした
・だんなうそあらあそうなんだ
・なかいさんてんさいかな
・さるでもももでるさ

ひらがなに直してみたわ。上と下から読んでみてね。

最後に、正月に枕の下に入れて眠ると、いい初夢を見ることができ、その年は良いことがあるとされている、おめでたい回文をご紹介します。

ながき夜のとおの寝ぶりの
みな目ざめ波のり舟のおと
のよきかな

みんなも、やってみよう！

・回文は、ことば遊びとしては、レベルの高い遊びです。友だちの中に、どちらから読んでも同じ名前の人はいないでしょうか。「今井まい」さんとか、「小池啓子」さんとか。このように、身近なところから探していくといいですね。短い単語をじっくり見て、「これは逆さまにしても使えそうだ」とピンとくるようになったら、しめたものです。「ダンス→すんだ。ダンスがすんだ」などというように。

編著者　山口《やまぐち》　理《さとし》

東京生まれ。20余年に渡る教員生活の後、執筆活動に入る。教員時代、「ことば遊び」の魅力に取り憑かれ、自らも多くのことば遊びを考案し、国語教育に、また学級経営に役立ててきた。

現在の職業は作家。日本児童文学者協会理事。日本ペンクラブ会員。

また、本業以外にも、日本ブーメラン協会監事、日本くるま旅クラブ会員といった遊び人の肩書きを持つ。

URL　http://www.h4.dion.ne.jp/~sato-131

イラスト　やまね あつし

1967年東京生まれ。サラリーマン生活を経て漫画家に転身。

迷路・クイズの構成やイラスト・漫画等、子ども向けの本を手がけている。

主に「いたずらぶっく」（小学館）やテレビアニメ絵本の企画構成など幅広く活躍している。

編集●内田直子

ブックデザイン●渡辺美知子デザイン室

準備いらずのクイック
ことば遊び

2005年3月30日　第1刷発行
2008年3月12日　第2刷発行

編著者●山口　理©

発行人●新沼光太郎
発行所●株式会社いかだ社
〒102-0072　東京都千代田区飯田橋2-4-10　加島ビル
Tel 03-3234-5365　Fax 03-3234-5308
振替・00130-2-572993
印刷・製本　株式会社ミツワ

ISBN978-4-87051-161-3